属灵争战

属灵争战
Spiritual Warfare

叶光明国际事工版权 © 2017

叶光明事工亚太地区出版

PO Box 2029, Christchurch, New Zealand 8140

admin@dpm.co.nz

叶光明事工出版

版权所有

DPM09

ISBN: 978-1-78263-658-8

目 录

第三部分 攻击的武器

第一部分 战争的属性

一、两个对立的国度

《新约》中有很多神百姓的画面。在以弗所书中，神的百姓被形容为：家庭、圣殿，以及作为基督的新妇。然而，在以弗所书中，对于神百姓最后的形容是面对敌人的画面。

敌人要在其地盘打一场全球的战争，这战争会影响我们每个人生活的各个方面。甚至"全球"这个词对于这场冲突的范围来说都是不确切的。它不仅包括地上，也超越地球扩展到天上。事实上，准确描绘这场冲突的形容词不是全球的，而是宇宙的。它包括整个受造的宇宙。

介绍这场冲突并描绘其属性最清楚的经文是以弗所书 6 章 10-12 节。我先引用新国际本的翻译，然后，我会与其他几个版本的经文对照。

我还有末了的话：你们要靠着主，依赖他的大能大力，作刚强的人。要穿戴神所赐的全副军装，就能抵挡魔鬼的诡计。

作为基督徒，我们需要穿上合适的军装参与一场战争，保罗仍为这是理所当然的，而我们的对手就是魔鬼。他接着在 12 节继续更全面地解释这场战争的属性：

因我们并不是与属血气的争战，乃是与那些执政的、掌权的、管辖这幽暗世界的，以及天空属灵气的恶魔争战。

在新美国标准本中，这节经文是：

因我们并不是与属血气的争战，乃是与那些执政的、有能力的、管辖这黑暗中的世界势力，以及天空中邪恶的属灵势力争战。

直译而不是意译的当代译本是这样翻译的：

因为我们不是与血肉之躯争战，而是与没有身体的人——看不见的世界中的邪恶掌权者，属撒旦的大能者，以及掌管这个世界的巨大邪恶之子；还有灵界众多邪灵争战。

无论你喜欢读哪种版本，经文都清楚地说明，基督徒都要卷入一场震动内心思考的巨大冲突中。

我经常花很长时间默想希腊原文以弗所书 6 章 12 节的经文，以至于我得出了自己的解释，你可以把它称作是"叶氏版本"。

因我们不是与血肉，不是与有身体的人较量，而是与拥有各种地盘和从天到地权势的掌权者，与当今黑暗的世界统治者，与天空中邪恶的属灵势力较量。

让我来解释我为什么要选择这些话来做为结论。我说："拥有各种地盘和从天到地权势的掌权者"，是因为这描绘了一个组织严密有序的国度，它具有从上往下的权利顺序，以及负责管辖他们各种区域的不同掌权者和下属掌权者。我在"当今黑暗的世界统治者"中用了"统治者"这个词，因为统治者这个词是那么生动地描绘了撒旦对待人类的方式。

注意，除了当代译本以外，所有的翻译版本都强调这种高度组织国度的总部是在天空中。

下面是以弗所书 6 章 12 节表露的几个观点。首先，这个冲突涉及所有基督徒——不是像宣教机构、牧师或传福音者的特殊群体——而是我们所有基督徒。很多基督徒没有看到这一点。保罗说："我们在进行一场摔跤比赛，但不是与属血气的较量。"

在摔跤比赛中，为了夺得胜利，两方会以最剧烈的形式，用尽身体的每个部分、每个技能、每个手法互相对抗。

撒旦有一个组织严密的国度。在那个国度中，有各种势力范围以及各种阶层的掌权者。这个国度的总部是在天上，这是个令人难以置信却十分清楚的事实。

撒旦率领着如此有规模国度，这个事实让某些人非常震惊。然而，在《圣经》中有很多清楚的迹象说明这点。马太福音 12 章 22-28 节记录了耶稣服侍过程中的事件。耶稣释放了一个又哑、又瞎、被鬼附的人。

众人都惊奇，说："这不是大卫的子孙吗？"但法利赛人听见，就说："这个人赶鬼，无非是靠着鬼王别西卜啊！"

别西卜真正的意思是"蝇王"，那是撒旦的称呼，特别作为魔鬼的统治者，因为魔鬼好比整个昆虫领域。耶稣用下面的话回答法利赛人：

耶稣知道他们的意念，就对他们说："凡一国自相纷争，必站立不住；若撒旦赶逐撒旦，就是自相纷争，他的国怎能站得住呢？"

马太福音 12 章 25-26 节

其中有清楚的含义，首先，撒旦有一个国度。其次，它不是分散的，而是有高度组织的。第三，它还存在，还没有被推翻，耶稣继续说：

"我若靠着别西卜赶鬼，你们的子弟又靠着谁呢？这样，他们就要断定你们的是非。我若靠着神的灵赶鬼，这就是神的国临到你们了。"

耶稣在这里提到了另一个国，神的国。祂特别描绘了这两个国度之间冲突开始的地方。祂说："当我靠神的灵赶鬼时，你就知道神的国临到了。"含义是赶鬼的服侍让撒旦国度的势力出来，也展示了神国度的优势，因为魔鬼是在神国度的权柄下被赶出来的。归根到底，有两个对立的国度：神的国与撒旦的国。

保罗在写给歌罗西的信中说：

又感谢父，叫我们能与众圣徒在光明中同得基业。他救了我们脱离黑暗的权势，把我们迁到他爱子的国里。我们在爱子里得蒙救赎，罪过得以赦免。

再次注意，有两个领域或国度。有我们基业所存留的光明国度，也有黑暗的权势。被翻译成"权势"的希腊词 exusia 意思是"掌权者"。换句话说，不管我是否喜欢，撒旦是有权势的，在《圣经》中牠的确是黑暗国度统治者。那么，这两个国度彼此为敌，随着末日的接近，战况即将进入最高峰。

二、撒旦的总部

在以弗所书 6 章 12 节，保罗清楚地说到，作为基督徒，我们要与魔鬼组织严密的国度较力，这个国的总部是在天空中。

"天空中"这句话在基督徒的心思中产生了特殊的问题。如果撒旦以前被赶出天堂，牠怎么还会在天空中占有一席之地呢？

为了回答这个问题，我们要查考圣经中描绘神把悖逆的撒旦逐出很久之后所发生的事。这些经文说明，撒旦当时在天上仍然能够接近神的同在。看约伯记 1 章 6-7 节：

> 有一天，神的众子来侍立在耶和华面前，撒旦也来在其中。耶和华问撒旦说："你从哪里来？"撒旦回答说："我从地上走来走去，往返而来。"

在约伯记 2 章几乎再次记载了同样的事件：

> 又有一天，神的众子来侍立在耶和华面前，撒旦也来在其中。耶和华问撒旦说："你从哪里来？"撒旦回答说："我从地上走来走去，往返而来。"

我们看到，在约伯那个时候，撒旦仍然直接靠近耶和华的同在。当神的天使出现向耶和华报告时，撒旦也在他们当中。这段内容似乎要说明其他天使没有认出撒旦。我之所以能明白这点，是因为保罗在哥林多后书 11 章 14 节说，撒旦是装作"**光明的天使**"。这段内容让我产生了一个想法，就是只有耶和华才能认出撒旦。显然，牠可以混在其他天使中间出现在神同在的地方，而不被发觉。

耶和华说："撒旦，你从哪里来？"换句话说："你在这干什么？"耶和华没有立即驱逐撒旦脱离祂的同在，而实际上同牠进行了交谈。因此，我们知道在约伯那个时代，撒旦在天上仍然接近神的同在。

我听见天上有大声音说：

"我神的救恩、能力、国度、并他基督的权柄，现在都来到了，因为那在我们神面前昼夜控告我们弟兄的，已经被摔下去了。

启示录 12 章 10 节

"那控告弟兄的"就是撒旦。牠至今仍然日夜在神面前控告神的百姓。

启示录 12 章 11-12 节继续说：

弟兄胜过它，是因羔羊的血和自己所见证的道。他们虽至于死，也不爱惜性命。所以诸天和住在其中的，你们都快乐吧！只是地与海有祸了，因为魔鬼知道自己的时候不多了，就气忿忿地下到你们那里去了"

这段经文表明，撒旦仍然能接近神的同在，牠利用自己接近神的机会控告神的百姓。显然，以上我所引用的所有经节都是在撒旦悖逆很久之后的时期。这说明什么？说明不止一个天上。我相信整个经文都清楚地说明了这点。例如，在《圣经》的第一节经文，创世记 1 章 1 节说："**起初，神创造天地**"。希伯来语中的天是 shamayim。im 是复数结尾。第一次介绍天的时候是以复数的形式介绍的。

在历代志下 2 章 6 节中，所罗门献殿时向耶和华祷告说："**天和天上的天，尚且不足他居住的，谁能为他建造殿宇呢？**"

被翻译成"**天上的天**"的希伯来语其实是说"**天之天**"。每种翻译都清楚地说明有不止一个天。"**天上的天**"中的天这个字表明天与地有多高，天上的天就有多高。

在哥林多后书 12 章 2-4 节，保罗甚至更具体地说：

我认得一个在基督里的人，他前十四年被提到第三层天上去。（或在身内，我不知道，或在身外，我也不知道，只有神知道。）我认得这人，（或在身内，或在身外，我都不知道，只有神知道。）他被提到乐园里，听见隐秘的言语，是人不可说的。

成为布道家前，我是个逻辑学家。逻辑让我确信，如果有第三层天的话，就一定有第一和第二层天。所以，至少有三层天。显然，第三层天就是乐园，是离世的义人所待的地方，也是神自己的居所。

以弗所书 4 章 10 节讲到了耶稣的死与复活：

那降下的，就是远升诸天之上要充满万有的。

注意"诸天"（英文是 all the heavens）这个词，英文中 all 这个字只会用于三个，或三个以上的情况。我在肯亚教英文时，一次，有个学生对我说："我所有的父母（all my parents）要来看我。"我说："你不能说 all my parents，因为没人有两位以上父母。如果你只有两个，你就不能说 all"。这同样适用于 all the heavens 这句短语，我想通过整个《圣经》的进程清楚地说明这点。这引导我们明白撒旦的国如何还在天空中这个问题。

我认为有三层天，这不是已确定的教义。然而，我相信这是符合所有已知的《圣经》和经验事实的合理看法。这三层天是什么？第一层天是可见的，有我们能用眼睛看见的太阳、月亮和星星。第三层天，我们从哥林多后书 12 章中知道那是神的居所，是天堂，离世的义人安息的地方，是人被提上去、听到神说话的地方。

那么，现在剩下第二层天。显然，这一定是介于第一层和第三层之间。我理解这是介于神所居住的天与我们在地上能看到的天中间的天。我也相信这中间的天是撒旦总部所在的地方。这就解释了为什么我们经常发现自己祷告时处于激烈的摔跤比赛中。有时，我们不知道要冲破它到神那里有多难。有时，我们照神的旨意祷告，我们相信神垂听了，可却没有回应。其中的原因不止一个，但在敬虔、委身的信徒生命中，这种经历的一个主要原因是我们参与在一场争战中，撒旦国度的总部位于看得见的天与神居所的天之间。

三、天使之战

但以理书有一个属灵争战的例子，更进一步启示了撒旦国的位置。事实上，它描绘了天使之战。在第 10 章，但以理描绘了自己如何尽心祷告，向神寻求对祂的子民以色列未来的启示。有三个星期，他都专心地祷告，等候神。将近三个星期，天上来了一位天使向但以理回答他的祷告。那天使非常荣耀和有能力，以至于所有和但以理在一起的人都四散跑开了，但以理是唯一留下来得到启示的人。但以理 10 章 2-6 节是这样说的：

> 那时，我但以理悲伤了三个七日。美味我没有吃，酒肉没有入我的口，也没有用油抹我的身，直到满了三个七日。正月二十四日，我在底格里斯大河边。举目观看，见有一人身穿细麻衣，腰束乌法精金带。他身体如水苍玉，面貌如闪电，眼目如火把，手和脚如光明的铜，说话的声音如大众的声音。

正如我曾经提过的，但以理的同伴无法承受这荣耀的景象，都逃跑了。然后，天使开始对但以理说话，我的重点是在 12-13 节，12 节说：

> 他就说："但以理啊，不要惧怕！因为从你第一日专心求明白将来的事，又在你神面前刻苦己心，你的言语已蒙应允，我是因你的言语而来。"

但以理第一天开始祷告时，神就垂听了，天使被派来回应他的祷告，看到这点很重要。然而，天使整整三个星期、或二十一天都无法到地上见但以理。是什么使天使路上花了三个星期呢？他被撒旦的差役拦阻。从神的天国到地上，在路途中的某个地方，天使必须经过撒旦所在的第二层天。他在那里被魔鬼的差役拦阻，牠们试图阻挠他将口信带给但以理。13 节继续说：

但波斯国的魔君拦阻我二十一日。〔那天使用了二十一天，是因为他在天上被拦阻和抵挡〕**忽然有大君中的一位米迦勒来帮助我，我就停留在波斯诸王那里。**

所有这一切都发生在属天领域，撒旦的差役长叫"波斯国的魔君"，统治波斯，在牠手下有各种"君"或次要的差役。而神这边来帮助先前那位天使的是天使长米迦勒。

在但以理 12 章 1 节，有关米迦勒的经文：

那时，保佑你本国之民的天使长米迦勒必站起来。

这个特别的天使长——米迦勒，站起来保护但以理百姓的儿女——以色列子民。

在某种程度上，神命令米迦勒看顾和保护以色列民的利益。因为整个启示的中心都围绕着以色列民的未来，是关乎以色列的重要信息，务必要送达。于是，先前的天使和赶来帮助他的天使长米迦勒与撒旦的差役争战了二十一天。

撒旦的差役以众所周知的"波斯国的魔君"（差役长）为代表，在他底下有各种君或统治者管辖不同的范围。例如，可能有一个君管辖波斯帝国的主要城市，有一个管辖主要族群，也可能有一个管辖宗教和波斯帝国的异教崇拜。我们看到一个高度组织、结构化的国度，有各样区域和从上到下水平的权势，总部在天空中悖逆、堕落的灵界国度。

在但以理书 10 章 20 节中，那天使再次讲到这种冲突：

他就说："你知道我为何来见你吗？现在我要回去与波斯的魔君争战，

换句话说，与这个掌管波斯帝国邪恶的、属撒旦的差役之争战还没有结束。在天上还有更多的争战，那天使继续说：

我去后，希腊的魔君必来。

换句话说，一旦战胜了掌管波斯帝国的邪灵，下一个要升起的将是希腊帝国，它也会有自己的灵界统治者，希腊的魔君。

在 21 节，那天使又说：

但我要将那录在真确书上的事告诉你，除了你们的大君米迦勒之外，没有帮助我抵挡这两魔君的。

所以，我们再次看到天使长米迦勒与保护和看顾神的百姓——以色列——有密切关系。我们也看到，第一个天使要和米迦勒联合在一起，才能战胜撒旦的差役，他们一直在拦阻神对以色列旨意的执行。

你也许好奇，为什么会提到波斯和希腊。让我来提醒你，在公元前 5 世纪之后，先后有四个外邦帝国统治着以色列和耶路撒冷城。他们是巴比伦、波斯、希腊和罗马。波斯和希腊具有重要意义，因为那时，他们是两个举足轻重的外邦帝国。

我们从但以理书中看到，这场争战是集中在神的百姓和神的旨意上。我相信今天依然如此。神的百姓在哪里，神的旨意在那里实现，那里就是属灵争战最激烈的地方。依我看，我们现在所生活的时代，冲突的中心再次集中在以色列和耶路撒冷城。

但以理祷告的影响在某种程度上是令人震惊的。但以理在地上开始祷告，调动了天上的一切，既有神的天使，也有撒旦的差役。这让我们对于该做什么样的祷告有了极好的洞察。

我对神的天使显然需要借助但以理的祷告才能得胜并完成他们的使命，留下了深刻的印象。再说一次，这让我们对祷告的功效有了极大的洞见。

四、武器与战场

我们现在来看看属灵争战的两个相关的方面：首先，我们必须要使用的武器；其次，战争所发生的战场。这两者都在哥林多后书 10 章 3-5 节启示了，《新美国标准本圣经》是这样说的：

> 虽然我们在血气中行事，却不凭着血气争战。我们争战的兵器，本不是属血气的…。

注意，保罗说我们活在血肉之躯里，但我们卷入的这场争战不是属于血气领域的。因此，我们所使用的武器一定与这场战争的属性相对应。如果战争的属性是属血气或身体的，那么我们就可以使用属血气或肉体的武器，例如坦克、炸弹或子弹。但这场战争是属灵的，是在属灵领域的，那么武器也一定是属灵的。

> 因为我们争战的兵器，不是属血气的，而是可以攻破坚固堡垒的神的大能。我们击破一切的谬论和阻碍人们认识神的骄傲言论，夺回被掳去的心思意念，使其顺服基督。

注意，我们的武器是对的，就能攻破堡垒。《英王钦定本圣经》是这样写的：

> 因为我们虽然在血气中行事，却不凭着血气争战。我们争战的兵器，本不是属血气的，乃是在神面前有能力，可以攻破坚固的营垒。

将各样的计谋，各样拦阻人认识神的那些自高之事一概攻破了，又将人所有的心意夺回，使他都顺服基督。

《新美国标准本圣经》所说的"堡垒"，在《英王钦定本圣经》中说"坚固的营垒。"

那争战是发生在属灵领域；因此，武器也是属灵的，与争战的领域是相对应的。这些武器将是我后面两个部分的主要议题："**我们的防御盔甲**"和"**攻击武器**"。

我们必须明白我们的战场是什么。保罗用了各样的词语来描写这个战场。我从不同的翻译版本中选出几个词：想象、推论、臆测、争辩、知识和想法。这些词汇中，每个都涉及同样的领域，就是心思的领域。我们务必要明白，那战场是在心思领域里。撒旦在发动全面的战争，要掳去人类的心思意念。牠正在人的心思意念中建立坚固营垒。作为神的代表，我们有责任使用我们的属灵武器击破这些坚固营垒，叫众人的心思意念，将他们夺回，使他们顺服基督。这是多么令人震惊的任务啊！

撒旦蓄意、有组织地在人的心思意念中建立坚固的营垒。这些坚固营垒抵挡福音真理和神的话，阻碍人能接受福音的信息。

《圣经》所指的坚固营垒是哪种呢？我推荐这种描述人心思意念中坚固营垒的两个相当普通的英文词：偏见和成见。

也许你听过这个定义："偏见是因自己不擅长而受挫。"换句话说，如果你对此一无所知，它就肯定是不对的；如果你不是先想到这点，那它就是危险的。如果有任何群体像这样，那肯定是宗教人士。几乎任何宗教人士没听说过的事，他们都带着强烈的惧怕和怀疑来看待。

另一句名言："别想尝试用真相说服我，我心意已决！"这就是偏见。当人的心思已经预先决定了，没有任何事实、真理、证据或理由可以改变它。只有属灵武器可以击破这些坚固营垒。人们被偏见和成见所驱动并掌控，导致他们毁掉自己。一个让我印象深刻的例子是我的英国背景。

在美国独立战争期间，英国士兵与美国叛军打仗。过去英国打仗的概念是穿上色彩鲜明的制服，随着隆隆的鼓声队列前进，走向战场。美军狙击手就躲在树木和沼泽中，在隐秘处射击这些人。依今天的标准，英军这么做简直是自杀！然而，在那个时候，人们无法想像还有其他的打仗方式。是偏见的坚固营垒导致上千英国士兵不必要的死亡。这就是一个因着偏见导致毁灭的例子。

还有其他关于偏见辖制人思想的例子，例如宗教异端、政治理论家以及种族偏见。这在号称基督徒的人中间经常出现。

不久之前，我在南非讲道。他们要我讲关于执政的与属灵争战的主题。当我默想时，主似乎告诉我当时掌控南非的营垒是"偏执。"我在字典中查了"偏执"这个词，是这样定义的："对某些信念或观点抱有不问缘由的态度，持着有失公允的坚持。"这就是偏执，也是坚固营垒，是撒旦在人心思里所构筑的东西。

我做了这个讲道之后，一位出生在南非且非常了解这个国家的部长对我说："你对南非问题的描述再好不过了，南非到处是"偏执"：宗教的偏执、种族的偏执和教派的偏执。这个国家问题的根源是偏执。"平心而论，南非民族是一个令人愉快的民族，但他们的思想被束缚，被偏执这个坚固营垒所捆绑。我并不是说南非人与其他人有什么不同；他们只是有自己特有的那种坚固营垒。哥林多后书 4 章 4 节这样说：

此等不信之人被这世界的神弄瞎了心眼，不叫基督荣耀福音的光照着他们。基督本是神的像。

坚固营垒是某种蒙蔽人的心思、不叫福音的光照进去的东西。当一个人处在这种状况时，与他或她争辩弊大于利。你越争论，他们就越坚持他们的错误，就越坚定地陷入那个错误当中。唯一能救他们的方法是用我们的属灵武器，击破他们心思意念中的坚固营垒。

五、我们得胜的基础

我们现在将解释，为确保我们属灵争战的胜利，我们必须要知道一个最重要的事实。在歌罗西书2章13-15节中，保罗描绘神为信祂的人所做的，基督代替我们死在十字架上。

> 你们从前在过犯和未受割礼的肉体中死了，神赦免了你们一切过犯，便叫你们与基督一同活过来。又涂抹了在律法上所写攻击我们有碍于我们的字据，把它撤去，钉在十字架上。既将一切执政的掌权的掳来，明显给众人看，就仗着十字架夸胜。

让我先警告你，撒旦极其不愿你领会这个事实。牠想要所有的基督徒都不能明白这点，因为这是战胜牠的关键。一个最伟大的事实：**基督已经永远胜过撒旦及其所有邪恶力量和权势**。

如果你什么都不记得，也要记住这点——**基督已经永远胜过撒旦及其所有邪恶力量和权势**。基督藉着死在十字架上，藉着祂所流出的宝血，藉着祂从死里复活，成就这事。

要理解这是如何实现的，我们必须认识撒旦对付我们的主要武器是什么，那个武器就是羞愧。启示录12章10节如此说：

我听见在天上有大声音说："我神的救恩、能力、国度，并他基督的权柄，现在都来到了，因为那在我们神面前昼夜控告我们弟兄的，已经被摔下去了。"

谁是那"控告弟兄的"？我们知道那是撒旦。撒旦能够接近神的同在，牠的工作就是控告我们这些相信耶稣的人。

撒旦为什么要控告我们？牠的目的是什么？用一句的话总结：牠要让我们感到羞愧。只要撒旦可以让我们感到羞愧，我们就无法对付牠。羞愧是我们被击败的关键，义是我们得胜的关键。

藉着十字架，神已经处理了这个羞愧的问题，既包括过去，也包括未来，祂已经为两者做了完全的供应。神是如何处理过去呢？歌罗西书 2 章 13 节说："**神赦免了你们一切过犯**"。

藉着耶稣基督替我们死，替我们承担羞愧、受了刑罚。神如今已经赦免我们一切的过犯，因为神的公义已经因基督的死而得到满足，使神可以不妥协于自己的公义而赦免我们所有的罪。我们首先要明白的是，当我们相信耶稣时，我们过去一切的过犯，无论多少或多严重，都已赦免了。

然后，神为将来做了预备，正如歌罗西书 2 章 14 节说：

又涂抹了在律法上所写攻击我们有碍于我们的字据，把它撒去，钉在十字架上。

"字据"指的是摩西律法。耶稣在十字架上废除了摩西律法对得着神的义所要求的。凡是摩西律法所要求的，每当有人违反其中最小的一样，那人在神面前就是有罪的。当律法被废除不再成为达到义的方式时，我们就脱离羞愧，因为我们的信就被算为义。

有两节相关的经文，一处是罗马书 10 章 4 节：

律法的总结就是基督，使凡信他的都得着义。

这非常重要，不论犹太人或是外邦人，天主教徒还是新教徒，都没有区别。基督不是废除律法，基督已经完成了律法，达到神对义的要求。

另一处是在哥林多后书 5 章 21 节：

神使那无罪的，替我们成为罪，好叫我们在他里面成为神的义。

这就是那神圣的交换，耶稣因我们的罪而成为有罪的，好叫我们因祂的义而成为义。一旦我们领会我们因基督的义而成为义这个事实，魔鬼就无法再让我们感到羞愧。撒旦的主要武器就被缴械了，耶稣因自己在十字架上的死缴了做官和掌权的械，祂卸走了他们手中针对我们的主要武器。

现在我想向你说明基督藉我们得胜的结果。我们已经在歌罗西书 2 章 15 节中看到基督得胜的声明：

既将一切执政的掌权的掳来，明显给众人看，
就仗着十字架夸胜。

夸胜实际上不是赢得胜利，而是庆祝和展示已经赢得的胜利。耶稣藉着在十字架上的死，向宇宙展示了祂已战胜撒旦的国度。然而，耶稣不是为了自己赢得胜利——祂并不需要！神这么做是为我们，祂的目的是要通过我们显出这个胜利。在哥林多后书 2 章 14 节(是我最喜欢的经文之一)，保罗说了下面的话：

感谢神！常率领我们在基督里夸胜，并藉着
我们在各处显扬那因认识基督而有的香气。

怪不得保罗说："**感谢神**。"如果你真的领会这节经文的信息，也会忍不住要感谢神。神总是使我们可以同享基督的得胜。有两个副词："常"和"各处"。意思是说我们在任何时间、任何地点都可以显扬基督胜过撒旦的国。

在马太福音 28 章 18-20 节，耶稣做了下面的宣告：

耶稣进前来，对他们说："天上地下所有的权
柄都赐给我了。所以，你们要去使万民作我
的门徒，奉父、子、圣灵的名给他们施洗。
凡我所吩咐你们的，都教训他们遵守，我就
常与你们同在，直到世界的末了。

耶稣在这里说，藉着祂在十字架上的死，祂从撒旦手里夺回祂对我们的权柄到自己手中，神已将天上地下所有的权柄赐给了祂。然后，祂说："**所以，你们要去使万民做我的门徒。**""所以"的含义是什么？耶稣说：我已赢得了权柄；你去操练它。你去藉着实现我的使命来向全世界展现我的胜利。

我现在想对耶稣的得胜做三个简单的说明。首先，在旷野的试探中，耶稣亲自击败了撒旦，祂遇见撒旦，拒绝了牠的试探，击败了牠。其次，在十字架上，耶稣代我们击败了撒旦，不是为祂自己，而是为我们。祂不需要为自己得胜，因为祂已经拥有了胜利，祂是为我们赢得胜利，击败我们的敌人。祂缴了我们敌人的械、剥光牠，为我们把牠暴露在光天化日之下。第三，我们现在的责任是展示并管理耶稣已经赢得的胜利！

感谢神！常率领我们在基督里夸胜，并藉着我们在各处显扬那因认识基督而有的香气。

哥林多后书 2 章 14 节

记住，基督"常"在"各处"使我们能够得胜。

第二部分 我们的防御军装

六、神的全副军装

我已经解释过，作为神国在地上的代表，我们发现自己卷入与撒旦所掌管的高度组织的国——就是总部位于空中的邪灵国度——所对立的全面争战当中。

这场战争所发生的战场是人类的心思。撒旦在人类头脑中建立了坚固的"偏见和不信"的营垒，使他们不能接受福音的真理。神赐给我们的任务是要破坏这些心灵上的坚固营垒，把每个人从撒旦的欺骗当中释放出来，然后使他们降服并顺服基督。

我们实现神所赐给我们这任务的能力主要取决于两个因素。首先，我们从《圣经》中清楚地看到，耶稣在十字架上已经完全为我们击败了撒旦，现在是我们的责任来展现和管理耶稣已经赢得的胜利。其次，我们恰当使用神已供应我们所需要的属灵武器。这些属灵武器主要分成两大类：防御武器和攻击武器。在这部分，我们将要说明第一类，防御武器。

以弗所书 6 章 10-17 节是我们的基础：

我还有末了的话：你们要靠着主，依赖他的大能大力，作刚强的人。要穿戴神所赐的全副军装，就能抵挡魔鬼的诡计。因我们并不

是与属血气的争战，乃是与那些执政的、掌权的、管辖这幽暗世界的，以及天空属灵气的恶魔争战。所以，要拿起神所赐的全副军装，好在磨难的日子抵挡仇敌，并且成就了一切，还能站立得住。所以要站稳了，用真理当作带子束腰，用公义当作护心镜遮胸。又用平安的福音当作预备走路的鞋穿在脚上。此外又拿着信德当作盾牌，可以灭尽那恶者一切的火箭。并戴上救恩的头盔，拿着圣灵的宝剑，就是神的道。

在前三节前面的部分，保罗说："所以，要拿起神所赐的全副军装。"我们在讲穿戴神所赐的全副军装。

每当你在《圣经》中看到一个"所以"的时候，你就要去找出为什么要"所以"。这节经文中的"所以"，是因为在前面经文中保罗说："因我们并不是与属血气的争战，乃是与那些执政的、掌权的、管辖这幽暗世界的，以及天空属灵气的恶魔争战。"是因为我们参与到这场同撒旦国的邪恶势力生与死的争战中，我们有责任（神的话也要求我们这样）穿上神所赐的全副军装。具有重要意义的，是这段经文中保罗两次（11，13节）说："穿上神所赐的全副军装。"显然，《圣经》已经清楚地警告我们，我们必须用神的全副军装来保护自己。

在13节后半部，保罗又做了进一步解释："好在磨难的日子抵挡仇敌，并且成就了一切，还能站立得住。"注意，"磨难的日子"这句话。我不相信这是指大灾难或某些预言将要发生的灾难（尽管我的确相信会有这样的灾难）。我相信，在上下文中，"磨难的日子"是指每个基督徒都要经历的一些事。那会是他们必须面对邪恶势力的时候，他们的信心要被挑战的时候，各种对立和麻烦都临到他们的时候。

保罗没有怀疑我们是否要面对磨难的日子，那是不可避免的事。我总会想起耶稣说过两个人盖房子的比喻。愚蠢人把房子盖在沙土上，智慧人把房子盖在磐石上。愚蠢人的房子倒塌了，而智慧人的房子还稳立。这两个房子之间的区别，不是它们受到的考验，因为每个房子都遭受同样的考验：风吹、雨淋、风暴和洪水。不同的是它们盖在什么根基上。

《圣经》没有显示我们基督徒能够逃避这些考验。我们不会逃避那磨难的日子，我们必须预备好要经历那些日子。根据这些，保罗说："**穿上神所赐的全副军装。**"

保罗以当时罗马军团士兵穿戴的配备为例，列出基督徒应有的六种装备：

◆ 真理的腰带

◆ 公义护心镜

◆ 预备福音的鞋

◆ 信德的盾牌

◆ 救恩的头盔

◆ 圣灵的宝剑

当你默想这些内容时，你会明白，如果你穿上全部六样装备——从头上的头盔到脚上的鞋——就没有一处不得到保护。至于后背没有保护措施，我会在这部分结尾的地方谈这方面的问题。

七、真理的腰带

第一件装备是真理的腰带，为什么罗马士兵会需要腰带做装备？因为在那个年代的衣服通常是宽松的，往下一直垂至膝盖。对罗马士兵来说，这是一种外衣。当罗马士兵打仗或使用武器时，就需要很小心自己宽松的外衣。如果不小心，其挡片和衣褶会妨碍他的活动，使他无法有效地使用自己其余的装备。

士兵首先要做的是系紧自己的腰带，这样外衣就不会随意摆动，也不至于妨碍他的行动。这是最基本的，是一切其他行动的基础。这就是为什么保罗首先提到真理腰带的原因。

《圣经》中经常提到人"**束腰**"，这就是这句话的意思。

保罗说我们的束腰就是真理，我相信并不是指摘要、神学上的真理，而是每日生活的真理，是指诚实、真诚、敞开和坦白。

作为信徒，我们通常被很多虚假和伪善所拖累。我们所说和所做的很多事情不是发自真心的，但我们如此说只是因为它们听起来很好。我们充满了宗教的陈腔滥调和虚伪。我们所做的事情，不是为讨神喜悦，或因为我们真的想这么做，而是要讨别人喜悦。几乎所有的宗教团体都有类似"弟兄,耶稣会帮助你"这样的陈腔滥调。那毫无用处,只是借口,因为不是耶稣需要帮助你的弟兄,而是你需要去帮助你的弟兄。

这些说辞就像一件宽松、垂挂的外衣,当我们穿上它,它会妨碍我们做神要我们做的事,妨碍我们活动,妨碍我们充满精力地服侍、妨碍我们成为有效的基督徒;也妨碍我们使用其他装备。

首先,神要求我们束上真理的腰带。我们必须放下虚假、伪善、宗教陈腔滥调,不说违心的话,不做违心的事。

通常,在生活中活出真理是相当痛苦的,你必须向他人展现你真实的样子。你也许一直戴着宗教面具,但现在你需要面对真理,坦诚而直率。你必须系上腰带,把它系紧。这样那些宗教伪善和虚假就不再困扰你,你便可投入神要你做的事情。

八、公义的护心镜

罗马士兵的护心镜保护人体最重要的器官：心脏。《圣经》指出，心在我们生命中极其重要，就像所罗门在箴言 4 章 23 节所说的：

> **你要保守你心，胜过保守一切，因为一生的果效，是由心发出。**

我曾在非洲东部的肯亚教书五年，我对不少的部落有所了解，并学会了一点他们的语言。一天，在学生宿舍的墙上，我看见用马拉戈利人的文字写的箴言 4 章 23 节的经文。我逐字翻译出来，并一直记得那个翻译："要尽力保守你的心；因为生命中的一切都来自于此。"

你心里所有的，或好或恶终将决定你一生的方向。我们要保护自己的心远离一切的恶。保罗把公义的护心镜当作对心的保护。

我们一定明白这里的"公义"是什么意思。保罗在另一处也提到了军装这个主题，在帖撒罗尼迦前书 5 章 8 节，他这样说：

> **但我们既然属乎白昼，就应当谨守，把信和爱当作护心镜遮胸，把得救的盼望当作头盔戴上。**

保罗在此从另外一种角度描写了护心镜，称之为**"信和爱的护心镜。"**把这两段经文放在一起："**公义的护心镜**"（以弗所书 6:14）是**"信和爱的护心镜。"**这告诉我们保罗所想的公义，不是行为或宗教律法的公义，唯靠信而来的义。

保罗在腓立比书 3 章 9 节再次提到了这种公义：

并且〔使我〕得以在他〔基督〕里面，不是有自己因律法而得的义，乃是有信基督的义，就是因信神而来的义。

保罗现在把这两种义并排放在一起。他先说到自己靠律法所得的义和它的不足。取而代之的是基于信从神而来的义，这义保护我们的心，是保罗所要表达的——"公义的护心镜"。我们若是只穿着我们自己建立的"义的护心镜"，撒旦就能在那种义上找到很多弱点，可以经常藉着牠的攻击穿透它，损害我们的心。我们必须穿上的不是我们自己的，而是基督的"义的护心镜"。哥林多后书 5 章 21 节说了下面的话：

神使那无罪的〔基督〕，替我们成为罪，好叫我们在他里面成为神的义。

我们必须从经文中确信，并凭着信接受我们已经成为神的义。这是唯一能够保护我们的心和我们生命的护心镜。

保罗强调，这种义惟有藉着信而来。所以，是信和爱的护心镜。没有其他任何方法可以得到这种义。

我总是被耶稣受难前一晚为彼得的祷告所感动，当时耶稣告诉彼得他将会三次不认主。耶稣说："彼得，我已经为你祷告。"耶稣没有祈求让彼得不会不认他。在当时那压力下，依彼得性格中的软弱，他必定会否认耶稣。但耶稣却为彼得这样祷告——只有这种祷告才会真正帮助彼得。耶稣在路加福音 22 章 31-32 节说：

主又说："西门，西门！撒旦想要得着你们，好筛你们像筛麦子一样。但我已经为你祈求，叫你不至于失了信心，你回头以后，要坚固你的弟兄。"

"叫你不至于失了信心。"尽管他将要否认主，显出自己的软弱和胆小，但他还有机会重新证明他的信心。这就是信与爱的护心镜，信心是这个护心镜的基本要素。我们所探讨的这种信心只有通过爱才起作用，加拉太书 5 章 6 节这样说：

原来在基督耶稣里，受割礼不受割礼全无功效，惟独使人生发仁爱的信心才有功效。

正如我所理解的，保罗其实是说："任何外在的仪式或规条，其本身没有任何功效。唯一最基本的就是信，没有信，我们就无法有真实的基督徒生命，这种信是通过爱产生功效的。那不是消极的或理论上的信，而是单单通过爱产生有功效的、积极的信。"

我越默想这点就越被这爱难以抗拒的能力感动。我很喜欢雅歌 8 章 6-7 节中的经文：

求你将我放在心上如印记，带在你臂上如戳记；因为爱情如死之坚强，嫉恨如阴间之残忍。所发的电光，是火焰的电光，是耶和华的烈焰。爱情，众水不能熄灭，大水也不能淹没，若有人拿家中所有的财宝要换爱情，就全被藐视。

死亡是我们都必须面对的不可抗拒的一件事，我们没有人能抗拒它，也没有办法避免它。《圣经》说**"爱情如死之坚强"**。

想想这句话，爱是不可抗拒的，它永远得胜，没有任何办法能击败它。爱保护我们脱离一切消极势力，像愤恨、不饶恕、苦毒、沮丧和绝望，这些势力会损坏我们的心、掠夺我们的生命。记住，一生的果效都发自内心。

保罗在哥林多前书 13 章 4-8 节描绘了这种爱：

爱是恒久忍耐，又有恩慈；爱是不嫉妒，爱是不自夸，不张狂，不作害羞的事，不求自己的益处，不轻易发怒，不计算人的恶。不喜欢不义，只喜欢真理；凡事包容，凡事相信，凡事盼望，凡事忍耐。爱是永不止息。

　　这就是我们所需要的护心镜——永不止息的爱。这种护心镜里没有撒旦能够刺透的弱点。保罗在这里所说的恰好就是护心镜的画面。爱是凡事包容，凡事相信，凡事盼望，凡事忍耐。当你穿上这种通过爱发出功效的信心护心镜时，它会永远保护你。它会使你的心远离所有攻击，避免撒旦企图渗入你生命中的重要层面。

九、预备福音的鞋

古罗马士兵通常所穿的鞋是坚硬的、用很重的皮带固定的凉鞋。他们把皮带系到小腿肚。那是很重要的军队装备，因为那能使士兵快速长途行军；给他们活动能力，使他们能在战场上随时随地执行命令。想想为你执行主耶稣基督的命令而提供活动能力和可能性的鞋，这对我个人来说，是十分真实的亲生经历。

在第二次世界大战期间，我有两年时间在北非沙漠里的英国战地医院服役。曾经在离敌人战线很近的地方与一支装甲部队一同作战，有时甚至是在夜里。在沙漠中，不太容易辨识哪里是敌人的战线，因为整个战争都是变幻不定的。在这样的情况下，我们的指挥官总是下令让我们在夜里不能脱下自己的靴子。我们要穿着靴子睡觉。原因很明显，每个人刚起床时一定不是处在最佳状态。如果你没穿着靴子，你要先浪费决定性的几分钟在黑暗中寻找你的靴子，然后想办法穿上，再系上鞋带。但若是你已经穿着靴子，就能立刻能起来行动。关键在于效率和机动性。

对于保罗所指的属灵对照物来说，也同样是这样。鞋，被称作是**"福音的预备"**（以弗所书 6:15）。意思是预备好做什么事。作为基督徒，我们有义务对福音有清楚的理解。很多基督徒声称自己重生得救了，但他们无法清楚记得自己是如何得救，或是别人要如何才能领受救恩。

我相信"**预备**"包括研读《圣经》，记住经文，以及能够清楚地传达福音信息。也要注意保罗所说的"**平安的福音**"（15 节）。相信和顺服这福音的人，在他们理性和内心中能产生平安。

关于平安，有一点十分肯定。只有我们自己有平安时，我们才能把平安传递给别人，我们无法传递自己没有经历过的事。我们可以谈论它，我们可以创建学说，但我们无法传递它。

在马太福音 10 章 12-13 节有一段具有重大意义的经文，当耶稣第一次差派门徒出去传福音时，他给第一批门徒一些指导，下面是他的部分指导：

进他家里去，要请他的安。那家若配得平安，你们所求的平安就必临到那家；若不配得，你们所求的平安仍归你们。

注意，这句很重要的话，如果那家配得，"你们所求的平安必临到那家。"你要向那家给予你的平安。当你进入一个家庭，你有没有给予平安？若是你自己没有，你也无法给予他人。

让我举一个简单的例子。假设你是一位女士，正在超市购物。你在排队结账时，见有一位女士状况不好，她很焦虑和紧张，神引导你去帮助她。你该怎么做？你是否打算说："周日早上要不要去教会？"如果这是你唯一想到能说的话，你并没有帮助到她，你就没有穿上你的鞋。

"穿上你的鞋"是指你预备好，神一旦指示你，你就能马上回应。首先，你必须拥有平安。你必须让她感受到你拥有某种她迫切需要的东西。人的确可以从别人身上感受到平安。

当她想要得到这个平安时，你需要用简单明了的方法告诉她"如何才能找到平安"。你必须能将福音清楚的传达给她。这就是"预备福音的平安"(以弗所书 6:15)。

十、信德的盾牌

在希腊语《新约》中，有两个形容"盾牌"的词。一个是小的、圆形的盾牌，外观像个又大又圆的竹篮。另一个是长方形的藤制盾牌，这个就是保罗所指的**"信德的盾牌"**（以弗所书 6:16）。

一个受过完善训练的罗马士兵会佩戴一面这样的盾牌，使他们的身体不会被敌人的箭射中，能完全的被保护。这样的信心就是保罗所指的属灵的盾牌。

当我们抵挡撒旦时，如果我们开始给牠带来一些麻烦，牠肯定会反击的。首先，牠会攻击我们的思想、我们的心、我们的身体，或我们的金钱。我们需要一个盾牌来掩护我们。牠会攻击任何能触及到的领域。如果牠无法攻击我们，牠就会攻击与我们亲近的人。如果你结婚了，撒旦首先攻击的会是你的配偶。这几乎是可以肯定的，这正是牠反击你的方式之一。你必须有足够大的盾牌来保护一切神所交给你管理的，包括你自己、你的家人，以及神托付你的每件事。我曾经非常真实的学到这个功课。

一次，我服侍一位被自杀的灵附着的妇女。到了某个程度，她得到了明确的、完全的释放，她知道自己已经得到了自由。我们一起赞美和感谢神。第二天,她回来看我,提到了一件不寻常的事。她说,就在她得到释放的那一刻,她丈夫正开着他那辆敞篷卡车在高速公路上,他们的德国牧羊犬站在卡车的后面(狗总是喜欢这样)。在车子高速行驶时,那只牧羊犬无缘无故地突然跳出去摔死了。

我立刻明白,离开那位妇女身上自杀的灵进到那条狗身上。撒旦攻击了牠能触及到最近的东西。我学到了我永远不需要再吸取的教训。此后,每当我为人做释放的服侍时,我一定会宣告耶稣的宝血遮盖保护与那人相关的一切人事物。从此,这样的事再没有发生了。这叫我知道,能保护神所托付我们一切人事物的,信德的盾牌是多么重要。

在这个军装的清单中,两次提到"**信心**"(14,16 节)。公义的护心镜是"**信和爱**"(帖撒罗尼迦前书 5:8),盾牌是"**信德的盾牌**"(以弗所书 6:16)。这两个"信心"必须以稍微不同的方式理解。信和爱的护心镜是为着我们个人能称义的信心,信德的盾牌则是遮盖保护一切神所托付给我们的人事物。

我在广播事工的初期就真实地学到了这点。当我刚开始创办这个事工时,办公室和制作方面有好多事情同时出现问题。本来好好的设备突然就无法运转,有人生病,或是信息出了错。一向运转很好的系统变得混乱起来,于是,我意识到我要伸出信德的盾牌。撒旦在攻击，牠无法触及我个人，于是牠攻击了我所依赖的那些支持我服侍的人。但我伸出信德的盾牌，斥责混乱的力量，和平与秩序就恢复了。我再次学到了功课，为了全面的保护和供应，我们必须伸出信德的盾牌。

十一、救恩的头盔

第五件装备是救恩的头盔。我要分享一些与此有关的宝贵真理，这是从我个人的矛盾中吸取的教训。当我回想这些矛盾时，我想起了罗马书 8 章 37 节保罗所说的话：

然而，靠着爱我们的主，在这一切的事上已经得胜有余了。

得胜有余是什么意思？意思是指我们不仅在争战中得胜，而且实际上我们出来时比我们进入时拥有更多。我个人的经历已经多次证明这点。

我们知道了护心镜保护心脏。现在，我们来看头盔，我们能看到它保护头，而头代表了思想。事实上，我们是在谈保护我们思想的头盔。

我们在前面看到了，这场全面的属灵争战是在人类思想的战场上进行的。既然思想是战场，显然我们需要特别小心去保护我们的思想。

在二战时期我曾长时间需要住在医院，我从自己的观察中认识到这点。在自然领域，一个头部受创的人无法能有效地使用他其余的装备。一个人，他也许是个非常勇敢和杀敌无数的士兵，拥有精良的装备，但当他头部受伤时，他要有效地运用自己的能力和装备就变得十分困难。

在属灵领域，很多基督徒工人也是这样。我曾有幸在不同时间和不同地点与很多很棒的神的仆人在服侍上有连结，既有弟兄，也有姐妹。我特别想到了那些经常处于高度压力下的宣教士。许多宣教士是很委身且很优秀的基督徒，他们具有很强的能力和真正的呼召。然而，很多时候，他们却让自己的头脑受伤。我是指他们允许自己被抑郁折磨或不信任其他同工。这个问题妨碍他们的服侍成为有果效的服侍，也妨碍他们成为神仆人应有的样式。因着这样的伤口，他们无法有效率的使用自己其他的装备。

我曾经多年因着抑郁而有很大的个人挣扎。像是乌云笼罩着我，使我很难与他人沟通。它带给我一种绝望的感受，尽管在很多方面我是个有恩赐也被清楚呼召的神的仆人，我却陷入抑郁当中："其他人都可以，就你不行。你永远也做不到，你得放弃。"

我与抑郁斗争了很多年，想尽一切办法，祷告，禁食，寻求神，读《圣经》。有一天，神给我一个启示解决了我的问题，我当时在读以赛亚书 61 章 3 节：

赐华冠与锡安悲哀的人，代替灰尘，喜乐油代替悲哀，赞美衣代替忧伤之灵。

当我读到"忧伤之灵"时，我的第一个念头是："这就是我的问题！我想要从中得释放。"我读了其他有关释放的经文，我做了一个简单的祷告，神就超自然地把我从忧伤的灵中释放出来。

我看到我的心思需要一些特别的保护。就我对以弗所书 6 章的熟悉，我想："一定是救恩的头盔。"我又想："这是不是说，因为我得救了，我就有了那头盔？"我看到不可能是那样，因为保罗是写给那些基督徒的，他说："戴上救恩的头盔。"神指引我看帖撒罗尼迦前书 5 章 8 节类似的经文：

但我们既然属乎白昼，就应当谨守，把信和爱当作护心镜遮胸，把得救的盼望当作头盔戴上。

当我读到"救恩的头盔"，圣灵立刻启示我，看见对思想的保护是盼望，对心的保护是信，但我们经常搞混了，符合《圣经》的信心是在心里："**因为人心里相信，就可以称义。**"（罗马书 10:10）符合《圣经》的信心是保护内心的护心镜，而保护思想的是盼望。

我们要明白信心与盼望间的关联，希伯来书对此说得很清楚：

信就是所望之事的实底。

希伯来书 11 章 1 节

盼望构筑在信心的基础上，当我们有健全的信心时，我们就有了健全的盼望。当我们没有健全的信心时，我们就没有健全的盼望。盼望也许仅仅是一厢情愿的想法，但当我们有真实的信心根基时，我们就能构筑一个保护我们思想的健全的盼望。

我想给"盼望"下一个很简单的符合《圣经》的定义。盼望是建立在神的应许上，一个安静、稳定且美好的期待。某种程度上，是持续的乐观主义，是对思想的保护。盼望是一个乐观的态度，总是选择看到最好的，不会给沮丧、怀疑和自怜留下余地。

罗马书 8 章 28 节有一个有效的盼望基础：

我们晓得万事都互相效力，叫爱神的人得益处，就是按他旨意被召的人。

如果我们真知道生命中发生的一切，都是神为我们的好处使它们互相效力，我们就永远不会有悲观的理由了。悲观也是头盔。当我们把它戴上时，我们的思想就失去了保护，处于撒旦借怀疑、沮丧、自怜、不信任等对我们的攻击之下。

当圣灵启示我，保护我们思想的头盔是盼望时，祂向我讲了一篇道。我突然将《新约》中很多有关盼望的经节放在一起。我来分享其中一些经文，首先我要分享的是这节罗马书 8 章 24 节：

我们得救是在乎盼望

没有盼望意味着没有救恩。盼望是我们救恩经历中不可少的部分，与以弗所书 2 章 12 节我们未得救时的状态形成对比：

> 那时，你们与基督无关，在以色列国民以外，在所应许的诸约上是局外人，并且活在世上没有指望，没有神。

没有基督，就没有盼望；没有神就是失丧的状态。这永远都不该是基督徒的状态。如果我们有基督，我们就有盼望，我们就有神。歌罗西书 1 章 27 节说了下面的话：

> 神愿意叫他们知道，这奥秘在外邦人中有何等丰盛的荣耀，就是基督在你们心里成了有荣耀的盼望。

福音真正的奥秘是"基督在你里面"。如果基督在你里面，你就有盼望。如果你没有盼望，就像是基督不在你里面。你不是一个失丧的灵魂，但你不是活在救恩的经历当中。你心中的盼望是你救恩经历中不可少的一部分。在希伯来书 6:17-20 节，有两个关于盼望的美好画面：

> 照样，神愿意为那承受应许的人格外显明他的旨意是不更改的，就起誓为证。藉这两件不更改的事，神决不能说谎，好叫我们这逃往避难所、持定摆在我们前头指望的人可以大得勉励。我们有这指望，如同灵魂的锚，又坚固、又牢靠，且通入幔内。作先锋的耶稣，既照着麦基洗德的等次成了永远的大祭司，就为我们进入幔内。

圣经中第一个盼望的象征是一座祭坛。旧约中，祭坛是一个保护所，保护人脱离复仇者。当你逃到祭坛，你就是安全的。希伯来书的作者说，当所有的压力临到我们时，我们应当逃到祭坛那里，抓住祭坛的角，那祭坛就是我们的盼望。

其次，盼望就像一个锚，超越时间进入永恒，进入神的同在中。在这个世界，我们就像大海上的小船；我们周围的人都是暂时的、不持久的、不可靠的、会改变的。没有任何事能给我们安全和稳定。如果我们想要安全和稳定，我们就需要有一个超越时间进入永恒，牢系在万古盘石上的锚。当我们有盼望时，我们的锚就稳固了。

最后，在希伯来书10章23节中，我们读到：

也要坚守我们所承认的指望，不至摇动，因为那应许我们的是信实的。

持续盼望，不要放弃盼望；要乐观，这是对你思想的保护。

十二、圣灵的宝剑

有一件事使宝剑与其他五种武器有所区别。宝剑的功能不仅仅用于防御。没有它，我们就没有办法赶走魔鬼。穿上其他装备也许能防止魔鬼伤害我们，但我们无法把牠赶走。唯一能够做到这点的武器是被称作"神的话"的宝剑(以弗所书 6:17)。

《圣经》把神的话比喻为剑，因为神的话能刺透一切。希伯来书 4 章 12 节这样说：

神的道是活泼的，是有功效的，比一切两刃的剑更快，甚至魂与灵、骨节与骨髓，都能刺入、剖开，连心中的思念和主意都能辨明。

神的话刺透人性的每个部分，它刺透骨髓，人体最深处的部分。它也能剖开魂与灵，人性最深处的部分。它比两刃的剑更快。

在启示录 1 章 16 节，约翰在异象中看见耶稣在荣耀中作教会的主，他看到的一件事就是耶稣口中出来一把剑。

他右手拿着七星，从他口中出来一把两刃的利剑，面貌如同烈日放光。

那两刃的利剑表示耶稣口中出来神的话。因为《圣经》指出耶稣亲自使用神话语的剑，我们也要研究耶稣如何在地上的一生中使用它。最接近的画面是在马太福音 4 章 1-11 节，其中描写了耶稣在旷野被撒旦试探。让我来指出，每当耶稣单独遇见撒旦时，祂对付牠所使用的唯一武器就是圣灵的剑，或神的话。

> 当时，耶稣被圣灵引到旷野，受魔鬼的试探。他禁食四十昼夜，后来就饿了。那试探人的进前来，对他说："你若是神的儿子，可以吩咐这些石头变成食物。"耶稣却回答说："经上记着说：'人活着，不是单靠食物，乃是靠神口里所出的一切话。'"魔鬼就带他进了圣城，叫他站在殿顶上。对他说："你若是神的儿子，可以跳下去，因为经上记着说：'主要为你吩咐他的使者用手托着你，免得你的脚碰在石头上。'"耶稣对他说："经上记着说：'不可试探主你的神。'"魔鬼又带他上了一座最高的山，将世上的万国与万国的荣华都指给他看，对他说："你若俯伏拜我，我就把这一切都赐给你。"耶稣说："撒旦退去吧！因为经上记着说：'当拜主你的神，单要侍奉他。'"于是，魔鬼离了耶稣，有天使来伺候他。
>
> **马太福音 4 章 1-11 节**

我想要指出这段经文中几处有意思的事情。首先，耶稣和撒旦都没有怀疑经文的权柄。这不是很不寻常吗？特别耶稣每次都引用申命记（被现代神学家和批评家挑出来攻击的书卷）的经文回答。从我个人来说，我相信耶稣和撒旦都比现代神学家聪明得多，都知道这些话的权柄。

其次，撒旦对耶稣的每个试探都在试探耶稣怀疑神。每当撒旦开始说"如果"，就在试图让人心存怀疑。

第三，如同我已经指出的，耶稣没有改变自己对付撒旦的方法，祂总是使用神话语——同样的武器——对付牠。**"经上写着……经上写着……经上写着。"**

很显然，魔鬼也会引用经文，却是误用经文。牠引用诗篇 91 篇的话，但耶稣再次引用申命记的话。魔鬼试图用经文来对付神的儿子。如果牠能这样对付耶稣的话，牠也可以这样对付你和我。我们必须完全了解《圣经》，我们必须知道如何应用《圣经》，如果我们要去对付魔鬼。我们必须小心那些误用《圣经》并企图试探我们去做错事的人。

耶稣没有用神学或宗教隶属关系来回答魔鬼。祂没有说自己上哪个会堂或哪个拉比教祂的，祂总是直接引用经文。"经上写着……经上写着……经上写着。"在那两刃的利剑第三次刺入之后，撒旦后撤退了，牠试探够了。我们也有使用这样武器的特权。

在以弗所书 6 章 17 节，保罗谈到圣灵的宝剑，神的话，他所使用表示"话"的希腊词是 rhema，主要是指说出的话。值得注意的是，圣灵的剑不是摆在书架或床头桌上的《圣经》，那并不能吓跑魔鬼，但当你口里说出经文并直接引用它时，它就成了圣灵的剑。

"**圣灵的宝剑**"（以弗所书 6:17）这句话的意义，表明了信徒与圣灵直接的配合。我们必须拿起那宝剑，圣灵不会替我们做，当我们凭着信拿起那宝剑，圣灵就赐给我们能力和智慧来使用它。

十三、未受保护的区域

我们现在已经讲了所有六种保护我们的军装。它们是真理的腰带、救恩的护心镜，预备福音的鞋、信德的盾牌、救恩的头盔和圣灵的宝剑，也就是神的话。如果我们穿上并使用这些神所提供的全副军装，我们就从头到脚都得到保护，只除了一个地方。

没有保护的地方是我们的后背。我相信这很值得注意，它有两重应用。首先，永远不要把你的后背转向魔鬼，你一旦这么做，就是给牠机会伤害你。换句话说，永远不要放弃。永远不要转身说："我受够了，我再也坚持不下去了。"这就是将你未受保护的后背转向魔鬼，牠肯定会抓住这个机会来伤害你。

其次，我们无法随时随刻保护着自己的后背。在古罗马军队，士兵以密集团结的方式战斗。希腊语中表示这种密集团结的词是 phalanx。他们受训以这样的方式战斗，从不破坏队形。每个士兵会知道自己两侧都有同伴，这样一旦他处于困境，无法保护自己后面时，就会有另外一个士兵替他补上。

我相信对我们基督徒来说，也是这样。我们无法单打独斗的与魔鬼争战，我们必须处在纪律当中，找到我们在（基督军队）肢体中的位置，并知道谁站在我们右边，谁站在我们左边。我们必须能够信任我们的同伴。当处于困境时，我们要知道谁会在我们的背后替我们补上。

我服侍有近四十年的时间。我看到基督徒经历的真正灾难，是应该保护你背后的人，往往正是伤害你的人。作为基督徒，我们有多少次是被自己的基督徒同伴从背后伤害自己。这是不该发生的事，我们要下定决心站在一起，保护彼此的后方，不要彼此伤害。

第三部分 攻击的武器

十四、采取进攻

我们已经研究了保罗在以弗所书 6 章 14-17 节所列出的六种属灵军装：**真理的腰带，公义的护心镜，预备福音的鞋，信德的盾牌，救恩的头盔和圣灵的宝剑。**我也指出，除了剑以外，其余的装备基本是为保护或自卫用的。甚至剑也只能触及比手臂长一点的距离。换句话说，这份清单上的防御装备不能让我们像哥林多后书 10 章 4-5 节所描绘的那样对付撒旦的坚固营垒，我们的目的是要推翻撒旦的坚固营垒。

现在，我们要从防守转向攻击。我们要研究能攻击和消灭撒旦堡垒的攻击武器。重要的是我们的目的是要有效地攻击撒旦的国。历史事实和经验证明没有任何军队是靠防卫而得胜的。

在 20 世纪的早期，有人问一位著名的法国将军："在战争中，哪个军队赢？"将军回答说："前进的军队赢。"

这答案似乎过于简单，但也确实是这样，我们绝不会只靠撤回或守住阵地而得胜。只要撒旦让教会停留于防守状态，牠的国就不会有被打倒的一天。因此，我们绝对有义务要脱离仅止于防守的状态，转守为攻。

当耶稣第一次揭开祂对教会的计划时，祂要教会攻击和进攻撒旦的营垒。《新约》中第一次用到"教会"这个词是在马太福音 16 章 18 节，耶稣对彼得说："你是彼得，我要把我的教会建造在这磐石上，阴间的权柄不能胜过他。"另外一种翻译是"地狱所有的门都不比它强。"在希腊语中"地狱"这个词是 hades，hades 的源义是"看不见的"。所以，hades 或"地狱"是撒旦国度看不见的世界。

耶稣根据两个首要的行动来勾画祂的教会：建造和争战。两者并行，若不建造，争战也就没有益处；若不争战，我们就无法建造。所以，我们在思想建造教会的同时，也要为与撒旦势力争战做准备。

很多人错误地解释耶稣这些话，他们认为耶稣勾画教会在于防卫，是一座被撒旦势力包围的城。他们认为耶稣的应许是指祂再来和教会被提之前，撒旦不能攻破那城门。这完全是这个世界对教会的防守概念，而且是完全错误的。

耶稣勾画了进击的教会，攻击撒旦的门。耶稣应许，撒旦的门不能顶住教会，撒旦也不能抵挡教会。不是教会试图抵挡撒旦；而是撒旦无法抵挡教会。耶稣应许我们，如果我们让祂做我们的总指挥，顺服祂，我们就能够前进，攻击撒旦的大本营，摧毁祂的门，释放被祂所囚的，夺走祂的战利品。这就是教会的任务，它基本任务是进攻，而不是防守。

"门"这个字在《圣经》中有很多含义。首先，门是治理和规定。例如，箴言 31 章 23 节，讲到那个完美妻子的丈夫：她丈夫在城门口与本地的长老同坐，为众人所认识。

注意，城门口是长老的治理委员会所在地，是他们管理城市的地方。所以，当《圣经》提到撒旦的门不能胜过教会时，意思就是指撒旦的计谋不能胜过教会，而会被挫败和化为乌有。

在攻打一座城时，具体攻击的目标是城门，因为它们比城墙要弱。以赛亚书 28 章 6 节说："**城门口打退仇敌者的力量。**"这里所呈现的画面是教会攻击撒旦大本营的门口，撒旦的门不能抵挡教会。所以，我们必须停止思考防守，开始思考攻击。

很多基督徒有这样的态度："我不知道下一步魔鬼要攻击哪？"我建议你应该反过来说，魔鬼不知道教会下一步要攻击牠哪儿！

在继续教会进击的话题前，我想解释我们做是符合《圣经》的基础。主要是基于歌罗西书 2 章 15 节，这节经文描绘神藉着基督代我们在十字架上受死所成就的事："**既将一切执政的、掌权的掳来。**"那么，执政的和掌权的与以弗所书 6 章 12 节所提到撒旦属灵势力是同样的。藉着十字架，神废除了那些执政的和掌权的权势。你有没有想过，撒旦已经被缴械了？牠的武器已经被卸掉了。神藉着十字架，废除了执政的和掌权的权势。然后，

《圣经》说："明显给众人看，就仗着十字架夸胜。"(歌罗西书 2:15)

神藉着十字架，废除了撒旦国的权势；祂叫撒旦国度的代表公开示众；祂仗着十字架夸胜。夸胜更像是庆祝已经得到的胜利，而不是去赢得胜利，那是公开展示已经得到的完全的胜利。

在十字架上，耶稣并不是为自己赢得胜利，祂一直都是得胜的。祂是为我们而得胜。作为我们的代表，祂的胜利就成了我们的胜利。保罗在哥林多后书 2 章 14 节宣告了下面的话：

感谢神！常率领我们在基督里夸胜，并藉着我们在各处显扬那因认识基督而有的香气。

我们"常"在"各处"代表基督的得胜。神要公开地展示基督已经通过我们赢得的胜利，是胜过撒旦执政的和掌权的或各种势力。这得胜要藉着我们实现。

这是耶稣在马太福音 28 章 18-19 节给祂门徒的最后命令：

耶稣进前来，对他们说："天上地下所有的权柄都赐给我了。〔如果耶稣有所有的权柄，那么就没有给任何人留下什么权柄了，除非祂缴出来。〕

所以，你们要去，使万民作我的门徒，奉父、子、圣灵的名给他们施洗。

耶稣说："'所有权柄都〔已〕赐给我了.'你们要去,我就……""我就"是指什么?我理解它是指"你去做,代表我,以我已经赢得的权柄。"我们的任务是去管理那个胜利,示众夸胜,行使耶稣为我们赢得的那权柄。只有当权柄被行使时,权柄才起作用。如果我们不去行使祂已赐给我们的权柄,权柄就没有作用。

只有当我们展示基督的胜利时,世人才会看见基督已得胜,但我们的任务是去展示耶稣已经赢得撒旦及其国度的胜利;只有当我们从防守转为攻击时,这一切才能实现。

十五、祷告的武器

为了使我们能够攻击和摧毁撒旦的营垒，神给我们提供了恰当的属灵武器。哥林多后书 10 章 4 节说了下面的话：

> 我们争战的兵器，本不是属血气的，乃是在神面前有能力，可以攻破坚固的营垒。

那是指撒旦的营垒。神给我们提供了属灵武器。基于我诸多的研究和经历，我相信《圣经》启示了四个主要的属灵攻击武器。它们是**祷告、赞美、讲道和见证**。我们先来思考祷告的武器。

我必须补充一点——其实祷告远不单是种武器。它有很多不同的层面，其中一样就是属灵争战的武器。我相信这是神所赐的武器中最有能力的。

在以弗所书 6 章 18 节，保罗列出了六项防御装备后，他说：**"靠着圣灵，随时多方祷告祈求，并要在此警醒不倦，为众圣徒祈求。"** 这时，保罗从防守转向进攻，在列出防御性装备之后，他立刻提到这条命令不是偶然的。保罗在这里提出所有进攻武器当中最伟大的武器，就是祷告。

想象祷告是一枚导航飞弹，从一处发射，借由先进的导航系统直接打向目标，并完全毁灭目标。

祷告没有时间或距离的限制，祷告就像导航飞弹。有了祷告，我们就可以攻击撒旦各处的营垒，甚至是天空中的。

使徒行传 12 章 1-6 节有一个祷告攻击的例子。教会处在希律王的迫害当中，其中一个领袖雅各已经被希律所杀。现在，彼得也被捕了，很快就要被处死。当时的情况如下：

> 那时，希律王下手苦害教会中几个人。用刀杀了约翰的哥哥雅各。他见犹太人喜欢这事，又去捉拿彼得。那时正是除酵的日子。希律拿了彼得，收在监里，交付四班兵丁看守，每班四个人，意思是要在逾越节后，把他提出来，当着百姓办他。于是彼得被囚在监里；教会却为他切切地祷告神。希律将要提他出来的前一夜，彼得被两条铁链锁着，睡在两个兵丁当中。看守的人也在门外看守。

彼得是被关在戒备森严的监狱中，希律决定要严加看守，不让任何人救彼得。每个白天和夜里都分四班轮流看守，每班四人，每次四小时。似乎还把一个士兵和彼得的手脚锁在一起。按常理判断，不可能有任何营救的方式。然而，教会仍持续热切的祷告。

危机会调整我们的优先顺序，我不知道教会的祷告有多迫切，但雅各已经从他们中间被除掉了。现在他们看见彼得陷入危险，他们的领袖被带走了。这是迫切祷告的动机。他们不仅白天祷告，据记载他们夜里也祷告。有些时候，光白天祷告是不够的，这点很重要。耶稣在路加福音18章说，我们的神会为那些向祂**"昼夜呼吁他"**的人伸冤？（7节）有时需要迫切的祷告，才能释放神的干预。

耶稣在约翰福音21章18-19节给彼得一个应许：

> **"我实实在在地告诉你：你年少的时候，自己束上带子，随意往来；但年老的时候，你要伸出手来，别人要把你束上，带你到不愿意去的地方。"耶稣说这话，是指着彼得要怎样死，荣耀神。说了这话，就对他说："你跟从我吧！"**

我不知道彼得是否在监狱里思考过这句应许。耶稣说：**"年老的时候。"**那时，彼得还不是个老人。我想他一定判断会发生某件事，好叫耶稣的话能应验，但需要教会的祷告使它实现。

神回应了教会的祷告，派天使去营救彼得。使徒行传12章8-11节说：

> **天使对他说："束上带子，穿上鞋！"他就那样做。天使又说："披上外衣，跟着我来。"彼得就出来跟着他，不知道天使所做是真的，只当见了异象。过了第一层、第二层监牢，就来到临街的铁门，那门自己 开了。他们出来，走过一条街，天使便离开他去了。彼得醒悟过来，说："我现在真知道主差遣他的使者，救我脱离希律的手和犹太百姓一切所盼望的。"**

神藉着天使超自然的干预回应了教会的祷告。然而，那拯救只是他们祷告的第一部分。我们一定要看第二部分，就是天使对迫害者希律王的审判。在使徒行传 12 章 19-23 节，我们看到：

> **希律找他，找不着，就审问看守的人，吩咐把他们拉去杀了。后来希律离开犹太，下凯撒利亚去，住在那里。希律恼怒推罗、西顿的人。他们那一带地方是从王的地土得粮，因此就托了王的内侍臣伯拉斯都的情，一心来求和。希律在所定的日子，穿上朝服，坐在位上，对他们讲论一番。百姓喊着说："这是神的声音，不是人的声音。"希律不归荣耀给神；所以主的使者立刻罚他，他被虫所咬，气就绝了。**

让我们来看祷告在这种情况下是如何作为攻击武器发挥作用的。祷告可以穿透天空，使天使的干预。我们可以将这里的祷告同但以理书 10 章做比较，当时但以理祷告，天使从天上来回答他。

《圣经》中最后的评论是在使徒行传 12 章 24 节："**神的道日见兴旺，越发广传。**"这描绘了神话语无人能挡地发展，特别是耶稣应许彼得要到年老时才会死，但这需要祷告来实现神的应许。我们必须明白，神的应许不能代替我们的祷告；反要激发我们祷告，藉着祷告，神的应许在我们灵里产生果效；也藉着我们的祷告，使天使为我们施行的干预。

《圣经》说，天使是**"服役的灵"**，为了我们而被差遣（希伯来书 1:14），但只有当我们祷告时，他们才会来干预，那是神的回应。要记住，祷告突破撒旦的国。

十六、赞美的武器

紧接着祷告之后另一个强力的进攻武器是赞美。某种程度上，你可以把赞美看做是一种祷告。在《圣经》里，赞美经常与神的威严可畏有关。赞美显明了神超自然的干预，也是对神的干预应有的回应。在出埃及记 15 章 10-11 节记载了摩西和以色列人被拯救出埃及，法老的军队被红海吞灭之后所唱的歌。

你叫风一吹，海就把他们淹没，他们如铅沉在大水之中。耶和华啊，众神之中谁能像你？谁能像你至圣至荣，可颂可畏，施行奇事？

我们看到"可颂可畏"这句话。赞美展现并显明神的威严和祂的可畏，特别是针对神百姓的仇敌。诗篇 22 章 23 节宣告：

你们敬畏耶和华的人要赞美他！雅各的后裔都要荣耀他！以色列的后裔都要惧怕他！

神为祂的百姓争战，伸冤，而赞美是神的百姓对于祂大而可谓的荣耀可做出的恰当回应。

诗篇 8 章 2 节说了下面的话：

你因敌人的缘故，从婴孩和吃奶的口中建立了能力，使仇敌和报仇的闭口无言。

我们在这里看到神为他的百姓提供了对抗敌人的力量。在这句经文的英文中，用了两个词来表示敌人，首先，是复数形式的"对手（adversaries）。我相信这是指撒旦的国。这是以弗所书6章12节所谈到的那些执政的、掌权的、管辖这黑暗世界的。第二个词是单数的"敌人"（enemy），我相信这是指撒旦。

神为他的百姓提供了对付这整个国度的力量。在马太福音21章15-16节更全面地启示了神所供应的力量的属性。耶稣正在圣殿行神迹，小孩子跑来跑去，喊着"和散那！"宗教领袖要求耶稣让孩子们安静。

祭司长和文士看见耶稣所行的奇事，又见小孩子在殿里喊着说："和散那归于大卫的子孙！"就甚恼怒，对他说："这些人所说的，你听见了吗？"耶稣说："是的。经上说'你从婴孩和吃奶的口中完全了赞美'的话。你们没有念过吗？"

耶稣引用诗篇8篇2节的话回答他们，但他稍微改了一点。他告诉我们一些他自己的评论。诗篇作者说："从婴孩和吃奶的口中建立了能力。"（诗8:2）耶稣说："完全了赞美。"所以，这表明了神百姓的力量是赞美，赞美是我们力量最大的来源。

有关于这个启示，我们还可以注意到其他一些重点。首先，这两处经文都说到"从……口中"。口是释放我们对付撒旦国度之属灵武器的主要渠道。其次，也都说到"婴孩和吃奶的"。这是指自己没有力量，还必须依靠神力量的人。

> **那时，耶稣说："父啊，天地的主，我感谢你！因为你将这些事向聪明通达人就藏起来，向婴孩就显出来。"**
>
> **马太福音 11 章 25 节**

祂是在讲自己的门徒。"婴孩"不是指那些刚出世的人，而是那些自己没有力量，必须完全靠神力量的门徒。

把赞美作为武器使用的目的是要撒旦闭口。这与启示录 12 章 10 节的经文一致，这段经文是将要实现的一个异象，也告诉我们撒旦在现今时代的很多行动。

> **我听见天上有大声音说："我神的救恩、能力、国度，并他基督的权柄，现在都来到了，因为那在我们神面前昼夜控告我们弟兄的，已经被摔下去了。"**

这告诉我们，撒旦的首要行动和对付我们的主要武器就是控告，祂在神面前昼夜不断地控告我们。这让我意识到，如果撒旦昼夜忙碌，我们就不能只在白天忙碌。我们必须日夜遇见神。

撒旦控告我们，要我们感到羞愧，这是祂对付我们的主要武器。

你可能回想："为什么神不让撒旦住口呢？"因为神已赐给我们让撒旦闭口的办法。这个办法就是"**从婴孩和吃奶的口中**"发出赞美。赞美升上天，达到神宝座前，让撒旦对我们的控告闭口。

启示录 16 章 13-14 节是先知性的话语，我们不打算解释它是如何在历史中实现的，但我想指出一个重要的原则。使徒约翰说：

我又看见三个污秽的灵，好像青蛙，从龙口、兽口并假先知的口中出来。他们本是鬼魔的灵，施行奇事，出去到普天下众王那里，叫他们在神全能者的大日聚集争战。

我在这里要指出的是，邪灵也会藉着口工作。使撒旦闭口的赞美是从神的百姓口中发出。邪恶属灵势力是藉着属撒旦权下的人口中所释放出来的。谁更有效地使用自己的口，谁就会赢得这场属灵战争。如果我们不会使用我们的口，就无法赢得这场战争。

不洁的灵也与青蛙相比。有意思的是，青蛙只在夜里叫，而且是整夜不停地叫。我相信这也表明了现今社会一种很常见的手法——宣传。宣传时常被用于推广假的意识形态、假的政治目的等，他们是邪恶统治者的工具。对付这些势力最好的方法就是从神百姓口里所发出的赞美。

另一个赞美大能的例子是来自诗篇 149 章 6-9 节：

愿他们口中称赞神为高，手里有两刃的刀，为要报复列邦，刑罚万民。要用链子捆他们的君王，用铁镣锁他们的大臣，要在他们身上施行所记录的审判。他的圣民都有这荣耀。

这里提到神的圣民可以通过赞美而达成的事。然而，那赞美要伴随着两刃的剑，也就是神的话。换句话说，神的话及赞美必须结合在一起。与神的话语一起，赞美就成了审判君王与列国的工具。君王和大臣是指撒旦的差役长和看不见的世界的王。做为神的信徒，我们被赋予权柄在牠们身上执行神所给牠们写下的判刑。这个殊荣是神给牠所有子民的。

在哥林多前书 6 章 2-3 节，保罗对基督徒说了下面的话：

岂不知圣徒要审判世界吗？若世界为你们所审，难道你们不配审判这最小的事吗？岂不知我们要审判天使吗？何况今生的事呢！

我们拥有所赋予的权柄。藉着神的话，通过赞美的武器，来执行神对天使、掌权者、君王、百姓和万国的审判。这意味着极大的能力和权柄。

十七、传道的武器

"传道"这项武器与神的话语更直接、紧密且息息相关。这里提到的"传道"仅限于针对神话语的宣讲。并不包含其他讯息，例如人类哲学、政治思想，甚至是过于复杂的神学。

我们先看保罗在提摩太后书4章1-4节对提摩太的责令：

> 我在神面前，并在将来审判活人死人的基督耶稣面前，凭着他的显现和他的国度嘱咐你，务要传道，无论得时不得时，总要专心，并用百般的忍耐，各样的教训责备人，警戒人，劝勉人。因为时候要到，人必厌烦纯正的道理，耳朵发痒，就随从自己的情欲，增添好些师傅。并且掩耳不听真道，偏向荒渺的言语。

我想指出一些重点。首先我们来看这个责令的庄严性。这乃是按照基督将要审判活人死人的事实，并以基督在祂国度显现的观点所赐下的责令。这是可以赋予神的仆人最庄严的责令之一。

其次，这责令就是要传讲神的道，意思是传道的人对自己所传讲的内容负有责任。当这里提到耶稣将要审判活人死人的事实，这表示传道的人必须要对他所传讲的信息向主交账。

这警告我们，不要迁就那些随心所欲，自我满足的悖逆者。他们不愿听从真理，只选择信息顺他们意的传道者。不是所有人都接受真理。然而，尽管有反对和批评，这责令是要人传讲神的话。

《圣经》多处提到神话语的功效，在以赛亚书55章11节，神说：

我口所出的话也必如此，决不徒然返回，却要成就我所喜悦的，在我发他去成就的事上必然亨通。

还有，在耶利米书23章29中，神说：

耶和华说："我的话岂不像火，又像能打碎磐石的大锤吗？"

接着，在希伯来书4章12说：

神的道是活泼的，是有功效的，比一切两刃的剑更快，甚至魂与灵、骨节与骨髓，都能刺入、剖开，连心中的思念和主意都能辨明。

被传讲的道具有极大能力，它的果效是肯定的，不至徒劳。它讨神的喜悦，它如同大锤将一切抵挡神旨意的阻碍击碎，它也像一把锋利的剑，刺入人性最深处，暴露人心思意念中不愿显明的秘密。使徒行传19章8-10节就是保罗在以弗所的服侍中，因着宣讲神的话语而带来大能的例子：

保罗进会堂放胆讲道，一连三个月，辩论神国的事，劝化众人。后来，有些人心里刚硬

不信,在众人面前毁谤这道。保罗就离开他们,也叫门徒与他们分离, 便在推喇奴的学房天天辩论。这样有两年之久, 叫一切住在亚西亚的, 无论是犹太人, 是希腊人, 都听见主的道。

保罗的传道服侍有三大特点——热切、不间断和遍布各地。我们时常没有意识到有超过两年的时间,保罗在以弗所天天教导神的话, 他的教导被传到亚洲许多地区。

保罗如此传道就如同往池子中投入一颗石头,所生出的果效像涟漪一般地不断往各处扩散。所产生的第一个果效是超自然的证明。《圣经》说,神证实自己的话, 祂不会替人的理论、哲学, 或是宗派作证。然而, 祂会证实自己的话。因此, 祂为保罗做了这点。在使徒行传 19 章 11 节, 我们看到:

神藉保罗的手行了些非常的奇事。

我很喜欢"非常的奇事"这句话。你知道它暗示了什么? 有些奇事是普通的,但发生在以弗所这里的奇事却是非比寻常的。

我曾问自己:"现今还有多少教会中有神迹呢?更不用说是非比寻常的神迹了!《圣经》接着描述了这些非比寻常的神迹:

甚至有人从保罗身上拿手巾或围裙放在病人身上, 病就退了, 恶鬼也出去了。

我曾亲眼看过这样的神迹发生，从我个人的经历中能证实，这样的奇事并未过时，关键在于传讲神的话。

保罗在以弗所传道产生的第一个果效，是藉着传讲神的话语而带出神迹奇事。第二个果效是揭穿撒旦的秘探并将牠们公诸于世。使徒行传 19 章 13-16 说：

那时，有几个游行各处，念咒赶鬼的犹太人，向那被恶鬼附的人擅自称主耶稣的名，说："我奉保罗所传的耶稣，敕令你们出来！" 做这事的，有犹太祭司长士基瓦的七个儿子。恶鬼回答他们说："耶稣我认识，保罗我也知道。你们却是谁呢？" 恶鬼所附的人就跳在他们身上，胜了其中二人，制伏他们，叫他们赤着身子受了伤，从那房子里逃出去了。

在事工中其中一件重要的事，就是揭穿撒旦的秘探并将他们公诸于世。魔鬼，或邪灵就好比撒旦的秘探。当这些邪灵被公诸于世的时候，这就代表传讲神话语的事工又向前迈了一大步。正如同此处所发生的，邪灵的回应让我印象深刻,牠说："耶稣我认识，保罗我也知道"。在我看来，撒旦的使者间接的恭维了传讲神话语的保罗，如同说了："我知道保罗；他有真功夫。"

保罗传道的第三个果效，是击碎了控制以弗所城市的黑暗势力，使徒行传 19 章 17-19 写到：

凡住在以弗所的，无论是犹太人、是希腊人，都知道这事，也都惧怕，主耶稣的名从此就尊大了。那已经信的，多有人来承认诉说自己所行的事。平素行邪术的，也有许多人把书拿来，堆积在众人面前焚烧。他们算计书价，便知道共合五万块钱。

许多信徒曾涉足巫术；现今教会里也有类似的情况。他们一脚踏在神的国，另一脚踏在撒旦的营。但当他们实际看见了撒旦那令人畏惧的能力时，他们决定完全委身于神，转离撒旦。又把所有和玄术、巫术和秘术的书卷公开焚烧。

所有销毁的书价值 5 万古希腊币。那时，一个希腊币大约是一个工人一天的工资。如果以美国一天工资 90 美元计算，5 万古希腊币相当于 450 万美元。这是很大一笔钱。如今美国多数的大城市也需要同样的事发生在其中。

使徒行传 19 章 20 节总结了这些果效："**主的道大大兴旺，而且得胜，就是这样。**"

这背后的力量就是神的话，保罗传讲神的话语在两年多的时间里带出戏剧性、大能的果效。撒旦在那地的权势被震动；牠的国度被推翻。

使徒行传 20 章 20 以及后面的经文是保罗对自己在以弗所传道的记录：

你们也知道，凡与你们有益的，我没有一样避讳不说的。或在众人面前，或在各人家里，

> 我都教导你们……所以我今日向你们证明，你们中间无论何人死亡，罪不在我身上。因为神的旨意，我并没有一样避讳不传给你们的。

保罗对自己传道事工的总结是：毫不保留，毫无妥协。这是传讲神话语时必要的坚持，也唯有如此才能带出大能的果效。如今我们仍需要这样的传道。

十八、见证的武器

首先，我们要区分讲道与见证的不同，讲道是将神话语中的真理直接呈现；而见证或"做见证"，是将个人经历神话语的经验分享出来，以证明神的话语的真实。例如，当我们传讲有关"医治"的信息，我们教导《圣经》里有关医治的原则和应许；当我们是在传"医治"的见证，我们讲的则是真实体验过神医治的经历。所以，讲道和见证都与神话语有关，但却是以不同角度来说明。

见证，是耶稣对福音传遍世界的基本策略，如使徒行传 1 章 8 节，耶稣升天前与门徒一同在橄榄山上，当时，祂说了在世上最后留下的话：**但圣灵降临在你们身上，你们就必得着能力；并要在耶路撒冷、犹太全地和撒玛利亚，直到地极，作我的见证。**

首先，我们需要超自然的能力，才能有效地为耶稣做见证。这见证需要有超自然的能力，就是圣灵的能力做支撑。门徒们直到在五旬节领受了圣灵的能力后，才开始出去传福音、做见证。

其次，耶稣没有说："你将见证。"这是现今很多宗教人士会说的。祂乃是说："你要成为见证。"换句话说，不仅仅是我们说的话或是我们发的福音单张，而是我们全部的生命要做耶稣和福音真理的见证人。

第三，耶稣设想了一个不断扩展的循环，祂对门徒说，从你们所在的耶路撒冷开始，去告诉人。让他们相信并被圣灵充满。然后让他们去告诉别人。让别人相信并且也被圣灵充满。依此类推的再去告诉更多人。祂说要从耶路撒冷开始，传到犹太全地，再到撒玛利亚，直到地极。

祂的心意是在地极——福音未达之地。只有福音传到地极，耶稣的心意才会被满足。祂达到这个目的的基本策略是让所有神的百姓都成为见证人，向他人做见证，并赢得他们的灵魂。进而使那些听到福音的人继续将福音广传下去，如同把石子投入池塘而掀起的阵阵涟漪，直到福音达到地极。

回头看历史，当神的百姓遵行这个策略时，就起了作用。在三百年之内，福音征服了罗马帝国。我相信这种推翻异教帝国的伟大属灵势力，是成千上万来自不同背景、种族、社会阶层和宗教信仰的基督徒生命的见证。他们都说："耶稣改变了我的生命！"这个冲击最后摧毁了坚定、强大、残酷的罗马帝国。

《圣经》指出，同样的武器最后甚至会摧毁撒旦空中的国。我们在启示录12章7-11中可以看到先知性的预见。这些经文描绘了在这个世代结束时跨越天地的巨大冲突。

> **在天上就有了争战。米迦勒同他的使者与龙争战，龙也同牠的使者去争战。并没有得胜，天上再没有牠们的地方。大龙就是那古蛇，名叫魔鬼，又叫撒旦，是迷惑普天下的。牠被摔在地上，牠的使者也一同被摔下去。我听见在天上有大声音说：" 我神的救恩、能力、国度、并他基督的权柄，现在都来到了，因为那在我们神面前昼夜控告我们弟兄的，已经被摔下去了。**

那 "控告弟兄" 的是撒旦，这描绘了撒旦是如何从自己空中的国摔下来，接着描写了信徒如何胜过撒旦。注意，那是一个直接的、面对面的冲突。

> **弟兄胜过它，是因羔羊的血和自己所见证的道。他们虽至于死，也不爱惜性命。**

他们主要的武器是这句话中的 "见证"，是他们的见证最终将整个撒旦的国摔下去。我相信他们的见证集中在两件事上：神的话和耶稣的血。他们的见证将释放那话语和那血中的能力。

我们能以简单、实际的方式将此应用在自己身上。当我们向人见证神的话，述说耶稣的血为我们所做的事，我们就胜过撒旦。你可以看到各人为主的道与宝血做见证的重要性。

我们可以透过许多方式做到这件事，其中一个指定的方式就是圣餐。虽然有时候我们不会如此看待圣餐，但它实实在在持续见证着我们在主的话语及宝血里所奠定的信心。谈到圣餐，保罗在哥林多前书 11 章 26 说：

你们每逢吃这饼，喝这杯，是表明主的死，直等到他来。

我们知道那杯代表了主的血，所以，藉着圣餐，我们就不断地见证、宣告耶稣基督的死与复活。

要为耶稣的宝血做见证，我们必须熟知关乎耶稣宝血的圣经教导。神的话语揭示了五项藉着耶稣的宝血，赐给我们的赏赐。

首先，我们在以弗所书 1 章 7 节看到：

我们藉这爱子的血得蒙救赎，过犯得以赦免，乃是照他丰富的恩典。

这告诉了我们，两个藉着耶稣的宝血所赐给我们的礼物。首先是救赎，其次是赦免，正如约翰一书 1 章 7 所说的：

我们若在光明中行，如同神在光明中，就彼此相交，他儿子耶稣的血也洗净我们一切的罪。

第三,耶稣的宝血持续地洁净我们。藉着那血，我们的灵得以持续的被洁净。罗马书 5 章 9 说：

现在我们既靠着他的血称义，就更要藉着他免去神的忿怒。

第四，我们成了义，因为宝血让我们得以称义。这就有如我们从未犯罪一样，因为我们是藉着从未犯罪的主耶稣基督得以称义。希伯来书 13 章 2 节宣布了下面的话：

所以耶稣要用自己的血叫百姓成圣，也就在城门外受苦。

第五，《圣经》告诉我们，我们可以藉着耶稣的宝血成圣。成圣是指成为圣洁，或分别归给神。

五项耶稣宝血的至要赏赐：

◆ **我们得救赎**

◆ **我们得赦免**

◆ **我们得洁净**

◆ **我们得以称义（成为义）**

◆ **我们得以成圣（成为圣洁）**

这些赏赐只有我们亲自见证出来，才得以在我们生命中发挥完全的果效。我们必须勇敢地宣告我们的信念：

藉着耶稣的宝血，
神将我从撒旦的手中救赎出来。
藉着耶稣的宝血，我的罪得以被赦免。
耶稣的宝血洗净了我脱离一切罪污。
藉着耶稣的宝血，我称得以义，

就有如我从未犯罪一样。
藉着耶稣的宝血，我得以成圣。
我不再处于撒旦的权势之下。

默想耶稣的宝血所给我们的这五样赏赐：救赎、赦免、洁净、称义和成圣。然后明白，当你亲自见证这些赏赐时，它们将有效的称为你生命的一部分。藉着亲自做见证，我们"**因羔羊的血和自己所见证的道**"胜过撒旦（启示录 12:11）。

要在属灵争战中得胜，我们必须持续不断地用神所提供给我们的武器进攻。仅仅防守，等候主来拯救我们，是不够的。我们是得胜者的军队，万国的庄稼已经熟了，等待神的子民用神国的福音来征服他们。

如何在智能手机上安装应用程序（App）

可复制网址到智能手机的浏览器，或使用二维码安装适用于您智能手机的应用程序（App）

iPhone/iPad手机下载网址:

 https://itunes.apple.com/sg/app/
ye-guang-ming-ye-guang-ming/
id1028210558?mt=8

若干安卓手机下载地址如下，供您选择:

 https://play.google.com/store/
apps/details?id=com.subsplash.
thechurchapp.s_3HRM7X&hl

叶光明事工微信公众平台: